AF258250

ÉLOGE FUNÈBRE

DES SOLDATS FRANÇAIS

MORTS A LA

BATAILLE DE LOIGNY

LE 2 DÉCEMBRE 1870

PRONONCÉ DANS L'ÉGLISE DE LOIGNY

Le 2 Décembre 1889

PAR

M. L'ABBÉ VIÉ

CHANOINE HONORAIRE D'ORLÉANS
SUPÉRIEUR DU PETIT SÉMINAIRE DE LA CHAPELLE-SAINT-MESMIN

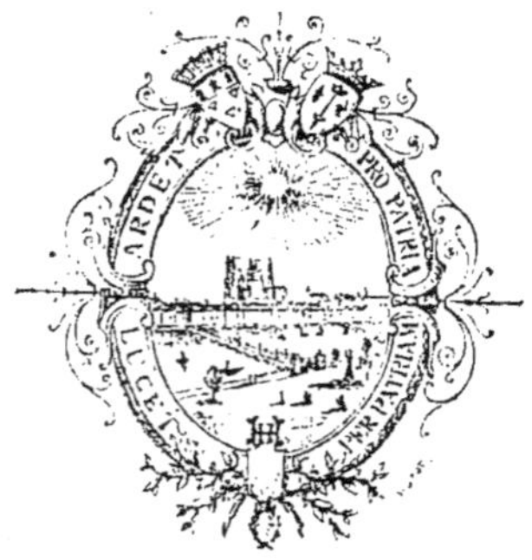

ORLÉANS

H. HERLUISON, ÉDITEUR

17, RUE JEANNE-D'ARC, 17

—

1889

ÉLOGE FUNÈBRE

DES SOLDATS FRANÇAIS

MORTS A LA

BATAILLE DE LOIGNY

LE 2 DÉCEMBRE 1870

PRONONCÉ DANS L'ÉGLISE DE LOIGNY

Le 2 Décembre 1889

PAR

M. L'ABBÉ VIÉ

CHANOINE HONORAIRE D'ORLÉANS
SUPÉRIEUR DU PETIT SÉMINAIRE DE LA CHAPELLE-SAINT-MESMIN

ORLÉANS

H. HERLUISON, ÉDITEUR

17, RUE JEANNE-D'ARC, 17

1889

In morte mirabilia operati sunt ;... ossa ipsorum visitata sunt et post mortem prophetaverunt.

« En mourant, ils ont fait des prodiges ; aussi leur tombeau est devenu un lieu de pèlerinage, et leurs ossements se raniment pour nous parler de l'avenir. »

(*Eccli.*, 48, 49.)

MONSEIGNEUR (1),

MESSIEURS,

L est des noms qu'un Français ne peut ni prononcer ni entendre sans être ému. Les uns font tressaillir notre orgueil national, parce qu'ils sont liés pour toujours à une de ces journées qui ont sauvé ou illustré la patrie, comme Bouvines et Patay, Rocroi et Denain, Valmy et Coulmiers.

Le nom de Loigny, hélas ! ne peut pas être inscrit sur cette liste glorieuse.

Les autres évoquent de douloureux souvenirs et doivent leur triste immortalité à des défaites où se sont effondrées, je ne dis pas l'honneur, mais la fortune et la gloire de la

____

(1) Mgr Coullié, évêque d'Orléans.

France : Crécy et Azincourt, Waterloo et Sedan, noms
lamentables qu'on voudrait effacer de la carte et arracher
de l'histoire, s'il n'était pas nécessaire de les faire ap-
prendre à nos enfants comme un avertissement et une
leçon.

Le nom de Loigny ne nous fait pas baisser la tête
comme ces noms-là !

Quand nous le prononçons, ce n'est pas sans tristesse,
mais ce n'est pas non plus sans fierté. Il ne rappelle pas
une victoire, mais il rappelle quelque chose de plus beau
que la victoire, je veux dire le courage indomptable, les
sacrifices sublimes, l'amour du drapeau poussé jusqu'à
l'héroïsme. Nous parlons de Loigny comme les Grecs
devaient parler de leurs Thermopyles, et des vaincus du
2 décembre 1870, comme les Juifs parlaient de leurs
Macchabées, le front haut, l'âme fière et pleine d'espérance.

S'ils n'ont pas sauvé nos frontières, ils ont sauvé ce qui
nous est plus cher encore, notre vieil honneur et le renom
séculaire de la bravoure française ; que dis-je ? Ils lui ont
donné par leurs exploits chevaleresques un nouvel et im-
mortel éclat. Ils n'ont pas pu vaincre, mais ils ont su
mourir, et en mourant, ils ont fait des prodiges : *in morte
mirabilia operati sunt.*

Leur mort a excité l'admiration de leurs contemporains,
et tandis que nous donnons à peine, même à nos victoires,
un souvenir fugitif, leur glorieuse défaite nous enthou-
siasme encore, et, après dix-neuf ans, elle nous ramène
à leur tombeau comme à un pèlerinage national : *ossa
ipsorum visitata sunt.*

Aussi bien ce tombeau n'est pas un sépulcre froid et

morne ; une inspiration chrétienne et française en a fait un sanctuaire. On y pleure, mais on y prie ; on y vient re-tremper son âme et relever ses espérances ; et ces ossements sacrés, placés sous un autel comme ceux des martyrs, semblent se ranimer pour parler de Dieu et de la patrie : *post mortem prophetaverunt.*

Tout d'ailleurs, ici, a le même langage : et ces plaines, où chaque sillon a été témoin d'une action héroïque, où chaque ferme, chaque petit bois a désormais un nom qui appartient à l'histoire, et ces monuments de granit, ces croix et ces colonnes qui élèvent jusqu'au ciel la vaillance des morts et la piété des vivants ; et cette église, remplie et ingénieusement ornée des restes de la bataille, et ces peintures qui en retracent les plus émouvants épisodes, tout raconte les souvenirs du passé et ranime les espérances de l'avenir.

Ces souvenirs et ces espérances, je voudrais, Messieurs, les recueillir avec vous ; en ce jour et dans ce lieu, je ne puis pas vous parler d'autre chose.

Les soldats de Loigny ont servi la France en mourant pour elle, ils la servent encore en lui disant du fond de cet ossuaire de ne pas désespérer d'elle-même ; j'essaierai de le rappeler et ce sera mon seul hommage à leur mémoire.

Monseigneur,

Il m'est doux de le déposer devant vous sur leur tombe. Votre Grandeur a donné à mes paroles une bénédiction dont je sais la tendresse, et sa présence compensera l'insuffisance de ce discours en apportant à ces héros un hommage plus digne d'eux : celui de la ville d'Orléans et de l'Église de France.

L'Évêque de Jeanne d'Arc à Loigny, c'est la rencontre des plus grands souvenirs de notre histoire. La bannière qui flotta à Patay a sa place ici, à côté de celle du Sacré-Cœur. L'une a été à la victoire, l'autre à la défaite, toutes deux à l'honneur; et, votre présence, Monseigneur, le proclame bien haut, nous ne les séparons ni dans notre admiration ni dans notre amour.

I

Ne craignez pas, Messieurs, que je m'attarde dans le récit de nos malheurs ni dans l'étude de leurs causes ; à quoi bon raviver la blessure que nous portons tous au cœur et que la victoire seule pourra fermer ? C'est à l'historien de discuter les plans de bataille et la conduite de la guerre ; ma tâche est plus haute et moins stérile : Français et prêtre, je veux voir, dans ce passé douloureux, uniquement ce qui honore la religion et la patrie, ce qui peut élever les âmes et affermir le patriotisme. Grâce à Dieu, cette matière est assez riche pour me dispenser d'en chercher une autre.

C'était donc au dernier mois de la fatale année 1870, au milieu de cette guerre, la plus malheureuse de notre histoire après la guerre de Cent Ans ; notre armée, la vieille armée française, celle de Sébastopol et de Magenta, n'existait plus ; nos citadelles étaient tombées, Paris était investi ; l'invasion pouvait se répandre comme un torrent, rien ne l'arrêterait.

Tout était fini ; du moins nos ennemis le croyaient.

Mais, au lieu de poser les armes, comme la Prusse après Iéna, comme l'Autriche après Sadowa, la France avait fait un suprême appel à ses enfants. Derrière les bois de la Sologne, une armée nouvelle s'était formée. Organisée et disciplinée en quelques semaines par un chef énergique et expérimenté, tout à coup elle avait paru sur les rives de la Loire, elle avait passé le fleuve, son premier choc avait fait reculer l'ennémi, et Coulmiers avait appris à l'Europe étonnée que la France avait encore des soldats et des chefs capables de les conduire à la victoire.

C'est ainsi que la jeune armée de la Loire était entrée en campagne ; depuis, elle était venue se compléter et s'établir solidement en avant d'Orléans, et maintenant, cent quarante mille hommes campaient de Patay à Bellegarde et attendaient là, dans leurs cantonnements tour à tour boueux et glacés, le signal de marcher en avant.

Il fut donné au 16ᵉ corps le 1ᵉʳ décembre, et cette journée fut encore heureuse : les vainqueurs de Coulmiers enlevaient aux Bavarois Chauvreux, Nonneville et Faverolles ; le soir, ils campaient à Villepion, ils passaient la nuit sur les positions conquises, et la France, en apprenant ce second succès, se sentait renaître à l'espérance.

Le lendemain, elle crut, comme son armée, toucher au jour de la victoire définitive.

C'était l'anniversaire d'Austerlitz ; on disait que Paris était débloqué ; l'armée de la Loire, deux fois aux prises avec les Bavarois, les avait vaincus. L'ennemi est encore devant elle, retranché dans des bois, établi sur des éminences, fortifié dans les villages et les châteaux, dont il a crénelé les murs ; nos soldats auront à traverser une plaine unie et nue, sans autre abri que d'insensibles plis de terrain, ils ont souffert des fatigues de la veille et du froid de la nuit, mais ils se souviennent de Coulmiers et de

Villepion et ils sont conduits par Chanzy : c'est assez ! A sa voix, son corps d'armée s'ébranle et reprend sa marche en avant vers Loigny, qui va devenir l'enjeu sanglant de la journée.

A neuf heures, le canon commence à tonner : Loigny est occupé par le général Barry, l'ardeur de nos bataillons les entraîne et les voilà qui s'élancent dans la plaine du côté de Goury.

Là, va se passer le premier acte de la bataille.

Von der Tann et les Bavarois se sont retranchés derrière les murs du parc ; assaillie par les balles et les boulets. la division Barry s'arrête et fléchit ; mais Jauréguiberry arrive et rétablit le combat. Sa première brigade se lance sur Fougeu et Morâle ; malgre le canon qui tire de Beauvilliers et la fusillade qui part de Villeprévost, elle avance toujours, et Von der Tann est obligé d'appeler des renforts. Jauréguiberry leur tiendra tête. Voici venir, d'un côté, les mobiles de Loir-et-Cher, de l'autre, ceux de la Sarthe, conduits par leur colonel de la Touanne et marchant droit aux batteries prussiennes de la Maladrerie avec un sang-froid et une intrépidité qui font verser des larmes de joie à l'amiral qui les commande. Goury est enveloppé, il s'agit d'en déloger les brigades bavaroises. Le 39e de marche s'en charge. Le voyez-vous courir sous la mitraille, le colonel Pereira en tête? Il atteint ce parc si chaudement disputé, il y pénètre enfin, et l'ennemi s'épouvante et plie à son tour. Après cinq heures de lutte acharnée, Goury va être enlevé ; encore quelques instants, et, — Von der Tann l'a reconnu, — les Bavarois et leur artillerie vont tomber entre nos mains.

Il est deux heures après midi.

A ce moment, le canon tonne sur notre gauche et des masses prussiennes apparaissent du côté d'Orgères ; à droite, une de nos divisions s'est rompue devant Lumeau et l'ennemi vainqueur se rabat sur Goury. Le 39ᵉ est arrêté dans sa victoire, il faut céder ce terrain si bien conquis. De deux heures à quatre heures, les régiments français tiennent en respect les armées réunies de Von der Tann et de Von Trescow et reviennent pas à pas sur Loigny.

Menée avec la vieille furie française qui ne calcule pas les dangers, l'attaque de Goury a échoué, mais rien n'est perdu encore si on garde Loigny : c'est le centre du combat, c'est là que va se livrer l'action décisive.

Dès midi, l'amiral y a envoyé sa meilleure troupe, le 37ᵉ de marche, une de ces héroïques légions comme il eût suffi à l'armée de la Loire d'en compter dix pour sauver la France. L'intrépide régiment trouve l'Allemand déjà entré dans Loigny, il le chasse de toutes les maisons, en fait autant de forteresses et se prépare à une défense désespérée.

Quand l'ennemi reparaît, c'est à son tour d'être à découvert dans la plaine ; cette fois, les Français sont à l'abri dans leurs retranchements et prennent leur revanche de Goury. Les Bavarois de Von der Tann, les Prussiens de Mecklembourg et de Von Trescow, ont beau s'unir et revenir dix fois à la charge : accueillis par les mitrailleuses et les chassepots, ils se replient toujours ; impuissants à prendre Loigny de vive force, ils y envoient, — c'est leur tactique barbare, — des obus et l'incendie. Mais le 37ᵉ tient bon : comme la vieille garde, il mourra à son poste et ne se rendra pas.

Cependant la fortune semble vouloir revenir à la France.

A notre aile droite, d'Aurelles a ramené le 15e corps sur Poupry, il a refoulé Von Vittich et s'apprête à marcher sur Lumeau. A notre aile gauche, de Sonis accourt au bruit du canon, son avant-garde vole de Patay à Guillonville, et lui-même est à Villepion avec l'élite du 17e corps.

Arrive-t-il à temps pour ressaisir la victoire ? Comment ne pas l'espérer en le voyant à cheval, le sabre au clair, le feu dans le regard, impassible au milieu des obus, haranguant ses soldats avec l'éloquence des capitaines de l'antiquité et la foi des preux du moyen âge ?

D'un coup d'œil il a jugé la situation. Il faut dégager le 37e et marcher sur Loigny. L'entreprise est périlleuse et elle effraye les courages vulgaires. Le général s'adresse à des braves, aux mobiles bretons, aux francs-tireurs, et, avant tous les autres, à ce petit bataillon pressé autour d'un étendard qui ressemble à une bannière et à un drapeau. Qui sont ces soldats ? Sont-ce des zouaves de Lamoricière ou des croisés de Saint-Louis ? L'un et l'autre à la fois. Hier, ils se battaient pour l'Église et versaient leur sang à Castelfidardo, aujourd'hui ils vont le verser pour la France et lui montrer comment meurent les derniers représentants de la chevalerie.

— *Vous du moins,* leur crie Sonis, *vous ne m'abandonnerez pas !*

— *Général, vous nous menez à une fête.*

Et les deux chefs s'embrassent, et au cri de « *Vive le Sacré-Cœur* » et « *Vive la France* » la légion part, le front haut et la bannière au vent.

L'ennemi a débordé Loigny de toutes parts, il couvre la

plaine et la sillonne de ses projectiles ; la troupe héroïque avance comme sur un champ de manœuvre, elle emporte en courant la ferme de Villours, elle arrive à ce petit bois de lilas et de cytise auquel elle a donné un nom impérissable. Les zouaves s'y précipitent, la baïonnette au bout du fusil, et en chassent les Prussiens. Leurs rangs s'éclaircissent à chaque pas ; mais qu'importe? ils ne connaissent qu'un cri : en avant, en avant ! Enfin les voilà à Loigny. Ils prennent d'assaut les premières maisons, et l'étendard du Sacré-Cœur flotte dans vos rues. C'en est fait, n'est-ce pas? Le 37ᵉ et les zouaves pontificaux vont se donner la main et s'embrasser comme Sonis et Charette le faisaient tout à l'heure, et, une fois réunis, que ne font-ils pas ? Qui tiendra devant eux ? Voyez-vous les Prussiens, que tant d'audace étonne, et qui fuient devant ceux qu'ils appellent les *hirondelles de la mort?*

Non, hélas ! la jonction ne se fera pas. Ce n'est pas le courage qui manque : l'héroïsme même des zouaves leur dérobe la victoire. La bannière du Sacré-Cœur est entrée dans Loigny ; mais autour d'elle, il n'y a plus d'officiers, il n'y a plus de soldats. Sonis est tombé, Charette tombera dans un instant; de Troussures n'est plus là, ni de Verthamon, ni de Bouillé, ni tant d'autres ; tous ont été frappés dans cette marche à travers la mitraille, et, Loigny conquis, il ne reste personne pour le garder.

Ah ! s'ils avaient été cinq cents ! Mais ils n'étaient partis que trois cents, comme les soldats de Léonidas : c'était assez pour mourir, assez même pour vaincre, ce n'était pas assez pour profiter de la victoire.

Il fallut rapporter à Villepion la bannière ensanglantée: l'ennemi du moins n'osa pas la poursuivre. Il fallut aussi, hélas ! laisser le 37e presque seul dans Loigny. Déjà, mes Frères, vos maisons étaient en proie.à l'incendie ; à chaque instant une toiture prenait feu, un pan de mur croulait, et les braves qui n'avaient pas reculé devant les boulets étaient obligés de reculer devant les flammes.

C'est alors qu'ils eurent une inspiration sublime. Décimés, épuisés par dix heures de combat, couverts de sang, ne pouvant plus ni vaincre ni vous sauver, ils voulurent au moins mourir héroïquement et chrétiennement. Ils serrèrent leur rang autour de l'église, et leur dernier champ de bataille fut le cimetière.

Un cimetière, une église, c'est tout ce qui leur restait de la patrie ! Et la France, vaincue, mais fière de ses enfants, n'avait plus d'autre refuge à leur donner. Elle leur offrait cela, un cimetière, une église, c'est-à-dire la mort et l'immortalité !

Messieurs, comment refuser notre admiration et nos larmes à ce spectacle? Il était nuit, au milieu du village en flammes, au bas du modeste clocher tristement illuminé par cet embrasement, au milieu des croix et des tombes éclairées par les lueurs sinistres de l'incendie, autour de la petite église encombrée de mourants, le valeureux régiment se battait toujours ; il épuisait jusqu'aux munitions de ses blessés, et à sept heures du soir, ses derniers survivants tiraient encore comme pour donner à la France leur dernière cartouche et la dernière goutte de leur sang.

Ainsi finit la journée.

Je ne vous dirai pas, Messieurs, quelle nuit et quel lendemain la suivirent ; je ne veux pas quitter un instant ce champ de bataille, et après avoir recueilli les souvenirs qu'il rappelle, j'ai hâte de lui demander les viriles et fortifiantes leçons qu'il nous donne.

Nobles héros de Loigny, vous nous avez montré comment on se dévoue, comment on meurt pour la France ; apprenez-nous maintenant par quelles vertus nous devons la défendre et la sauver !

II

Ce que la journée du 2 décembre nous enseigne, avant
toute chose, c'est le dévoûment à la patrie. Il s'est montré,
ici, sous toutes ses formes, avec tous ses sacrifices et tous
ses héroïsmes ; ici, la bravoure a éclaté avec toutes ses au-
daces, son élan, son intrépidité, avec sa ténacité et son
sang-froid, avec son sublime dédain des dangers et de la
mort.

Il m'est doux, Messieurs, de recueillir avec vous quel-
ques-unes de ces paroles et de ces actions héroïques que
nous n'avons pas discernées dans la mêlée, et qui méritent
d'être racontées comme des merveilles.

« *Montrons comment se battent des hommes de cœur
et des chrétiens.* » — « *Nous sommes tous Bretons ; il ne
sera pas dit qu'un régiment s'est battu mieux que nous.* »
Ainsi parlaient Sonis et Charette. — « *Cela ne fait pas de
mal,* » disait un capitaine à ses mobiles en riant, et en mon-
trant de la pointe de l'épée les obus qui volaient dans les
airs. Ainsi parlait le jeune duc de Luynes, et il tombait, la
tête emportée par un boulet, et il venait de quitter sa
femme et ses deux petits enfants, et il portait un des plus
beaux noms de France, et il venait mourir avec cette gaîté

entraînante, et il avait vingt-cinq ans ! C'est lui que je veux saluer le premier entre tant de héros !

Que ne puis-je saluer aussi ces officiers tombés ici par centaines avec la même vaillance ; ces nobles familles qui envoyaient généreusement à la mort trois ou quatre de leurs fils, comme les Charette et les Bouillé ; ces régiments de héros, comme le 39ᵉ, qui devait perdre deux mille cinq cents hommes dans cette campagne, comme ce valeureux 37ᵉ, qui, dans la seule plaine de Loigny, laissa treize cents braves sur le champ d'honneur, comme ces incomparables zouaves, qui partirent trois cents de Villepion, et qui n'étaient plus que cent deux quand ils revinrent avec leur drapeau qui avait changé cinq fois de mains dans la bataille !

Messieurs, ceux qui se battaient et qui mouraient ainsi étaient de fiers soldats, et si on me dit : ce sont des vaincus, je répondrai : ce sont des héros !

Quelle journée dans notre histoire a compté des résistances plus désespérées que celle des commandants Varlet et de Fouchier au cimetière de Loigny, et quel champ de bataille a vu des attaques plus hardies que l'assaut de Goury ou la charge de Villepion ? Non, non ; ni Charles VIII à Fornoue, ni François Iᵉʳ à Marignan, ni Bayard au Garigliano, ni Condé à Rocroi, ni Marceau à Fleurus, ni Bonaparte à Arcole, ni Soult à Austerlitz, ni Lamoricière à Constantine, ni Mac-Mahon à Malakoff, n'ont été plus braves que Sonis et Charette au *Bois des Zouaves*.

J'ai nommé Bayard, la figure la plus héroïque de l'ancienne France ; Sonis, Messieurs, est digne de donner la main au chevalier sans peur et sans reproche ! Il est aussi grand que lui quand il marche à l'ennemi, plus grand peut-être quand il tombe. A côté de Bayard blessé à mort et soutenu par son écuyer, je ne crains pas de placer Sonis mutilé par un obus, passant seùl, sur la terre nue, cette nuit glaciale du 2 décembre, la tête appuyée sur la selle de son cheval, sans exhaler d'autre plainte qu'une prière pour la France !

Non, Messieurs, qu'on ne parle plus ici de décadence ni de peuple dégénéré ; j'en atteste nos plus grands capitaines des siècles passés : ceux dont les ossements sont là, sous cet autel, étaient dignes de leurs pères, et s'il faut dire toute ma pensée, ils valaient bien leurs adversaires ; pour ne parler que des chefs, un Frédéric-Charles victorieux me paraît moins grand qu'un de Sonis mutilé et vaincu.

Mais j'ai tort de comparer ces héros à leurs ennemis ; ne les comparons qu'à leurs ancêtres. Ne reconnaissez-vous pas dans l'esprit organisateur de d'Aurelles la méthode et la prudence de Turenne ; dans l'intrépidité de Jauréguiberry, le sang-froid de Catinat ; dans l'impétuosité de Sonis, l'entrain légendaire des Condé et des Luxembourg, des Ney et des Davoust ; dans ces officiers qui paient si témérairement de leur personne, notre vieille noblesse si prodigue de son sang, et dans ces soldats improvisés des régiments de marche et de mobiles, la bravoure héréditaire dans notre race ?

Disons-le donc : si le succès a fait défaut, le courage et les hommes n'ont pas manqué, et ce fut un beau spectacle de voir cette nation, endormie trois mois auparavant dans la mollesse d'une civilisation raffinée, et qui, prise à l'improviste par les revers, se dressait tout entière, debout et palpitante autour de son drapeau. La France avait été plus heureuse, mais jamais elle n'avait été plus aimée, jamais elle n'avait inspiré plus de dévoûments ni obtenu de ses enfants de plus généreux sacrifices !

Et c'est là, Messieurs, le second caractère de cette journée : elle associa dans les mêmes luttes, dans les mêmes angoisses et les mêmes espérances, toutes les âmes françaises.

Oui, le 2 décembre 1870, la France entière a été ici. Les enfants de la Bretagne et du Maine ont coudoyé ceux du Centre, du Midi et de l'Algérie elle-même ; des volontaires de soixante ans, comme le vieux marquis de Coislin, se sont rencontrés avec ceux de dix-huit ans, comme Athanase de Charette ; la noblesse et le peuple se sont confondus dans le même héroïsme ; les fils des croisés, les descendants de nos familles historiques, ont donné la main à l'ouvrier et au laboureur qui venaient de quitter l'atelier ou la charrue. Tous les Français étaient unis et faisaient noblement leur devoir. Séparés la veille par les intérêts ou les préjugés, ils s'étaient rapprochés à l'appel de la patrie, semblables à ces enfants qui se querellent quelquefois, mais qu'on verra certainement pleurer et prier ensemble près de leur mère à l'agonie.

Voilà bien ce que nous sommes !

Des passions, des erreurs, nous divisent trop souvent ; mais quand une grande idée, un noble sentiment nous appelle, tout est oublié, et nous n'avons plus qu'un cœur pour y répondre. On le vit bien à pareil jour, il y a dix-neuf ans, quand il fallut sauver l'honneur ou mourir ; on le voit encore aujourd'hui quand il faut glorifier cet inoubliable anniversaire. Vous ne manquez pas à ce rendezvous, Messieurs, et je salue avec joie dans ce sanctuaire l'Église et l'État se donnant la main, un évêque et des prêtres mêlés aux représentants de l'armée et des pouvoirs publics, et autour d'eux ce peuple de travailleurs qui est la France, et ces vaillantes femmes qui partageront encore demain, s'il le faut, le dévoûment de leurs frères et de leurs fils.

Nous sommes chrétiens et Français, nous ne pouvons pas nous haïr. Si jamais elles venaient à s'allumer parmi nous, les haines s'éteindraient dans ces champs de Loigny, devant cette colonne où se dresse l'image du Dieu qui a dit : « Aimez-vous et soyez uns, *unum sint.* » Elles s'éteindraient surtout devant cet ossuaire d'où les héros de ce jour vous adressent cette exhortation si éloquente : « Nous avons mêlé notre sang, nous partageons le même tombeau, nous attendons la même résurrection ; ô nos fils, ô nos frères, soyez unis comme nous, et ne déchirez pas ce qui vous reste de la patrie française ! »

A cet appel, ils en ajoutent un autre que j'ai hâte de vous faire entendre, car vous l'attendez d'eux et de moi.

Du fond de leur tombeau, ils vous disent : soyez unis ; mais ils vous crient avec plus de force encore : soyez chrétiens !

Chrétiens, ils l'ont été, Messieurs, dans cette journée du 2 décembre, et c'est ce qui donne à leur héroïsme son incomparable beauté. La pensée de Dieu a plané sur ce champ de bataille. Les soldats qui sont tombés là ne séparaient pas le patriotisme et la religion. Ils avaient au milieu d'eux, pour les exhorter et les absoudre, des religieux et des prêtres, comme les soldats de Jeanne d'Arc. Le

matin de la bataille, le général en chef écrivait à l'évêque
d'Orléans pour lui demander des prières ; les zouaves de
Charette avaient inscrit sur leur étendard une invocation
au Cœur de Jésus et à saint Martin, patron de la France ;
le 37e apportait ses blessés à l'église, près du Dieu de
l'Eucharistie ; Sonis, qu'il faut citer partout, car il fut le
héros de la journée, Sonis était plus qu'un chrétien ordi-
naire, c'était un saint, et depuis Louis IX, on n'avait pas
vu d'âme à la fois plus religieuse et plus guerrière. Il
communiait tous les matins. « *Je me condamne à mort,*
écrivait-il, *Dieu me fera grâce s'il le veut ; mais je l'aurai
tous les jours dans ma poitrine.* » Et il répétait le mot
fameux de Saint-Arnaud avant l'Alma : « *Dieu ne capi-
tule jamais !* »

La nuit qui précéda la bataille, à Saint-Péravy, il s'était
passé une scène digne des Croisés. Le général avait près
de lui sept de ses officiers, comme lui hommes de cœur et
de foi, et pendant que l'armée tout entière dormait sous la
tente, eux, comme les chevaliers, faisaient la veillée
d'armes. A deux heures du matin, un fils de saint Domi-
nique leur disait la messe et leur donnait à tous la sainte
communion. Dans la journée ils se battaient comme des
lions, et le soir quatre d'entre eux étaient tués et les
quatre autres étaient blessés.

Ne cherchez pas, Messieurs, le secret de leur courage :
ils portaient Dieu dans leur poitrine comme Jeanne d'Arc
aux Tourelles et à Patay.

Ah ! je comprends, maintenant, ces croix et ces em-
blèmes religieux, je comprends que leur tombeau soit une
église, et que dans la plaine où ils sont tombés on ait
placé, bien haut, l'image du Sacré-Cœur ; c'est le Ré-

dempteur, c'est le Dieu qui versa son sang pour sauver le monde, c'est Jésus-Christ qui a fait ces héros !

A Dieu ne plaise que je revendique pour eux seuls le patriotisme et le courage. D'autres se sont bien battus et sont morts noblement ; mais eux seuls ont porté au feu cette sérénité chevaleresque, eux seuls ont allié à la gloire que donne une belle mort l'auréole que la foi met au front des martyrs.

Qui donc avait osé dire que la piété diminuait la bravoure, et qu'une jeunesse formée par des prêtres serait moins vaillante ? Zouaves de Loigny, vous nous avez bien vengés. Vous avez été les plus hardis au danger et à la mort. Si quelqu'un répétait cette injure, nous n'aurions qu'à l'envoyer ici, et vos restes sacrés lui diraient comment on se bat et comment on meurt, quand on aime à la fois son Dieu et son pays.

Et pourquoi, Messieurs, ces deux amours seraient-ils incompatibles ? Pourquoi serait-on moins fidèle à l'honneur quand on lui a donné Dieu lui-même pour gardien, pourquoi serait-on plus avare de son sang parce qu'on aime un Dieu qui nous a prodigué le sien, pourquoi craindrait-on plus la mort parce qu'on a foi dans l'immortalité ? Non, non, la vérité est que ces grands amours sont faits pour aller ensemble, que toujours, comme à Loigny, les plus chrétiens seront les plus braves, et si nous demandons au ciel quelque chose pour la France, c'est de lui donner, quand elle en aura besoin, beaucoup de soldats comme ceux qui suivirent ici la bannière du Sacré-Cœur.

Ils ne lui manqueront pas, Monseigneur, vous le savez ; ils se préparent dans ces saintes écoles que vous proclamez après le grand évêque dont vous êtes le fils, votre *plus cher amour ici-bas*. Là grandit dans la prière et l'étude une vaillante jeunesse qui tressaille au seul souvenir de Loigny, et dont le nom de Sonis fait battre le cœur. Quand l'heure sonnera, elle sera au premier rang, et ces jeunes français qui se confessent et communient vous donneront encore des spectacles comme celui que vous avez vu ici le 2 décembre 1870. Vous verrez encore des Verthamon, des Ferron, des Cazenove et des Bouillé. Ceux-là, du moins, vous leur accorderez, ô Christ qui aimez les Francs, de mourir au soir d'un triomphe et de pouvoir s'écrier à leur dernier soupir : « Je meurs content, la France est victorieuse ! »

Je termine, Messieurs, en vous laissant cette espérance : c'est la suprême leçon que nous emporterons de
Loigny.

Non, la nation qui a produit ces héros ne périra pas.

Elle a traversé bien d'autres crises qu'on avait crues
mortelles. Morcelée par la féodalité, elle est redevenue le
royaume de Philippe-Auguste et de saint Louis ; ruinée et
livrée à l'Anglais par cent ans de guerre, elle a retrouvé
avec Jeanne d'Arc l'unité, la confiance et la gloire ; aux
guerres de religion elle a fait succéder les splendeurs
du grand siècle, et aux plus grands bouleversements qu'il
y ait eu dans l'histoire, des triomphes qui ont étonné
l'univers.

Croyons, Messieurs, à cette vitalité de la France, et, à
genoux sur les cendres de ses meilleurs enfants, promet-
tons-lui de ne pas désespérer d'elle.

Quand Dunkerque nous fut rendu sous Louis XIV, un
Anglais s'écria en quittant nos rivages : « *Nous revien-
drons, Messieurs. — Non !* lui fut-il répondu, *vous ne
reviendrez pas, tant que nous servirons Dieu mieux que
vous !* »

Ils ne reviendront pas, Messieurs, ni eux ni d'autres,
tant que nous servirons Dieu comme les zouaves de
Loigny.

Qui credit in me, etiamsi mortuus fuerit, vivet, c'est la
foi religieuse qui relève et ressuscite les peuples. Elle

s'était presque éteinte sur la terre française ; les morts de Loigny l'ont rallumée, et nous assistons, Messieurs, aux premiers symptômes de son réveil. Travaillons à ranimer nous-mêmes ce feu sacré : les dernières années de ce siècle qui finit le verront grandir, il reprendra son éclat passé, et je salue à l'avance, avec l'aurore d'un siècle nouveau, la renaissance religieuse et la résurrection nationale.

Après avoir salué la résurrection de la patrie qui sera votre œuvre, morts héroïques de Loigny, je dois, avant de vous quitter, saluer aussi la vôtre. Quand même la religion ne vous la garantirait pas, la justice et la conscience réclameraient pour vous une autre vie, en récompense de celle que vous avez si librement et si fièrement sacrifiée. Vous sortirez donc un jour de cet ossuaire, et en échange de cette patrie que vous avez si bien défendue, vous en trouverez une autre où il n'y aura ni guerre ni discorde, où les sanglantes immolations de la terre seront couronnées d'une gloire impérissable ; ou plutôt, vos âmes y sont déjà, j'en ai la confiance, et le Dieu du Sacré-Cœur, qui vous a conduits ici-bas à la peine, vous a reçus là-haut dans l'éternel honneur.

EN VENTE CHEZ LE MÊME ÉDITEUR

DU MÊME AUTEUR

Petit Séminaire de La Chapelle-Saint-Mesmin. Le site, l'histoire, l'œuvre. Brochure in-8°, avec vignettes gravées sur bois dans le texte. . . . . **1** »

De l'enseignement de la religion dans le programme des études classiques. Broch. in-8°. **1** »

Panégyrique de Jeanne d'Arc, prononcé dans la cathédrale d'Orléans le 8 mai 1886. Broch. in-8°. . . . . . **1** »

La journée du 11 octobre à Orléans. Inauguration du monument de Mgr Dupanloup. Broch. grand in-8°, fig. **1 50**

Le monument de Mgr Dupanloup dans la cathédrale d'Orléans. Broch. grand in-8°, avec figures donnant l'ensemble et les détails de l'œuvre de M. Chapu. . . . **1 50**

Œuvres poétiques de l'abbé L. Guiot, doyen de Chécy, publiées par M. l'abbé Vié. 1881-1884, 3 vol. in-16. . . . . **15** »

Saint Aignan, premier libérateur d'Orléans, tragédie en trois actes, offerte à Mgr Dupanloup par les anciens élèves de La Chapelle-Saint-Mesmin, le 28 juillet 1878. Petit in-8°. . . . . **2** »

Tombeau de Mgr Dupanloup, évêque d'Orléans, de l'Académie française. Recueil de pièces en vers sur la mort du prélat, publié par M. l'abbé Vié. 1878, in-16, papier teinté, broch. . . . . **3** »

IMP. GEORGES JACOB, — ORLÉANS.